AF243331

RÉPLIQUE A LA CIRCULAIRE

SUR

LES VOLONTAIRES PONTIFICAUX

A M. DE PERSIGNY

PAR

JOSEPH DE RAINNEVILLE

Ex-officier d'ordonnance du général Pimodan.

PARIS

CHEZ TOUS LES LIBRAIRES

1862

Des patriotes de 1814 aux volontaires pontificaux de 1860, croyez-vous qu'il y ait si loin? L'occasion, voilà tout, en vérité.—Dieu ou patrie, selon le cas.—Nous eussions combattu les coalisés comme nous avons combattu les Piémontais. On nous l'accordera, puisque le *Siècle* lui-même veut bien que nous soyons de « braves gens. » — « Égarés, » dit-il, « égarés [1]. »

[1] Le *Siècle*, numéro du 22 mai

Comment égarés ?—Si l'intérêt catholique ne vous touche pas, avouez, du moins, que nous avons suivi la cause française. Que fait le corps d'occupation ? —Il défend Rome, comme nous; il monte la garde au Vatican, comme nous. Nous nous sentions glorieux de lui servir d'auxiliaires; en vérité, nous n'étions pas autre chose. De fait, nous fûmes les enfants perdus, lui la réserve.

D'ailleurs, si jamais homme fut un drapeau, La Moricière est bien celui de l'honneur français ; c'est sous lui que nous courions. Avec un tel chef, nous étions sûrs de ne jamais forfaire, ni forligner.

J. R.

INTRODUCTION

Prenez et lisez, monsieur le comte de Persigny, page 401, tome Ier, des *OEuvres de Napoléon III* :

« O vous que le bonheur a rendus égoïstes, » s'écriait dans l'exil l'Empereur aujourd'hui régnant, « vous croyez que c'est une peine légère que de « priver les hommes de leur patrie ! »

Il y a du cœur et du sentiment dans ces lignes. Le ministre ne s'est pas inspiré des leçons que la triste expérience avait données à son maître.

Nous pouvons donc considérer comme une circulaire sans aveu celle où il a pris la plume pour écrire à ses préfets, hommes de zèle et d'action :

« Dès l'instant que le fait d'avoir pris du service « dans l'armée pontificale est constant, il est hors « de doute que la qualité de Français, et, par « suite, les droits d'électeur sont perdus. » (*Circulaire du* 1er *mai* 1862).

Prenez garde, monsieur le comte, vous remontez aux abus contre lesquels on réclamait, à tort ou à raison avant 89, et je reprends ma plainte dans Mirabeau :

« Observez, écrit-il, que les censeurs ne statuaient sur l'état d'un citoyen qu'en présence de tout le peuple ; que Scipion l'Africain, ce grand homme *dont les Romains et les nations du monde,* selon l'expression de Cicéron, *s'étaient accoutumés à respecter les décisions,* étant parvenu à cette dignité, n'osa rayer du tableau des chevaliers un certain Licinius, bien qu'il eût déclaré qu'il était certain de son crime, parce que personne ne se présenta pour en donner la preuve. Scipion, ajoute l'orateur romain, ne voulut pas s'en rapporter à lui-même dans une occasion où il s'agissait de flétrir un citoyen [1]. »

M. de Persigny n'est pas Scipion, je le sais bien ; mais quel est, je le demande, cette façon de procéder et de nous mettre au ban ? N'y a-t-il pas la loi écrite, que le ministre devrait connaître, et, s'il la connaît, qu'il doit respecter ? — Quoi ! d'un trait de plume, par simple lettre, il vous serait permis de rayer des rôles politiques toute une classe de citoyens ! Je décline en cette matière votre autorité par trop envahissante.

---

[1] *Œuvres complètes de Mirabeau,* Paris, 1835, t. VII, p 176.

Laissez-moi vous apprendre, ou vous rappeler, que nul en France, de par la loi, n'est condamné qu'en vertu d'un jugement à la perte de ses droits civiques, et qu'il est par trop hardi pour un homme officiel, d'empiéter sur l'interprétation des tribunaux. Vous pourriez en avoir le démenti.

Il est écrit dans la loi électorale, titre Ier, art. 10, que si la demande en radiation sur les listes implique la solution préjudicielle d'une question d'état, le juge de paix renverra préalablement les parties à se pourvoir devant les juges compétents.

Et j'ai lu dans la circulaire ces lignes incroyables !

« Les enrôlements dans l'armée pontificale ont eu une notoriété assez grande pour qu'ils puissent être difficilement mis en doute dans la localité où ils se sont produits. Si donc le maire les tient pour certains, il ne devra pas hésiter à retrancher de la liste électorale ou à ne pas y inscrire les personnes de cette catégorie, sauf à celles-ci à se pourvoir par les voies légales pour obtenir leur inscription. »

Il s'agit, avant tout, de savoir si je suis Français ou non ; le juge de paix, qui seul a la compétence sur l'inscription légale, doit s'arrêter, suspendre son jugement, attendre la décision des tribunaux. Et vous, monsieur de Persigny, dédaignant la légalité, vous dites de me *retrancher* sommairement *de la liste*. Il vous est plus commode de vous poser en défendeur qu'en demandeur, et, sans plus de façon, vous intervertissez les rôles. Que sont de pareilles instructions, monsieur le ministre, si ce n'est un enseignement officiel d'enfreindre la loi, donné à vos préfets et à vos maires ?

En vertu de l'article 10, titre 1er, de la loi de 1849, j'ai donc l'honneur de vous informer que c'est vous, monsieur de Persigny, qui avez à vous pourvoir par les voies légales, si vous voulez obtenir ma radiation des cadres de la société française. C'est à vous de la demander, aux juges de la prononcer, et à moi de me tenir tranquille, si ce n'est pour vous rappeler au respect du droit.

Qu'arriverait-il si vous souteniez votre mesure, et si les juges, venant à nous donner raison, nous déclaraient bien et dûment Français? C'est que nous aurions notre tour, et que je pourrais, moi simple citoyen, vous traduire à la barre et réclamer contre vous l'application des articles 114 et 115 du Code pénal.

Article 114 : « Lorsqu'un fonctionnaire public, « ou agent ou préposé du gouvernement aura donné ou fait quelque acte arbitraire, ou *attentatoire*

« soit à la liberté individuelle, soit *aux droits civiques*
« *d'un ou plusieurs citoyens*, soit à la charte, il sera
« condamné à la peine de la dégradation civique. »

Et l'article 115 : « Si c'est un ministre qui a or-
« donné ou fait les actes ou l'un des actes mention-
« nés en l'article précédent, et si après les invita-
« tions mentionnées dans les articles 63 et 67 du
« sénatus-consulte du 28 floréal an XII, il a re-
« fusé ou négligé de faire réparer ces actes dans
« les délais fixés par ledit acte, il sera puni de ban-
« nissement. »

Telle est la rigueur de la loi, plus grande encore
que celle de l'article 21 que vous invoquez contre
nous. Portez la question en justice, et que les tribunaux me donnent raison, il restera ensuite à leur
faire juger si vous n'avez pas attenté à mes droits
civiques.

La peine qu'on voudrait nous infliger n'est pas
légère, mais la condamnation l'est assurément ;
ces quelques pages sont écrites pour le prouver.

La question est complexe ; je l'examinerai sous
ses deux faces : le point de vue légal, et le point de
vue politique.

LA LOI

Code civil, art. 21 : « Le Français qui, sans au-
« torisation du gouvernement, prendrait du ser-
« vice militaire chez l'étranger, ou s'affilierait à
« une corporation militaire étrangère, perdra sa
« qualité de Français. »

Avant même d'examiner l'esprit de la loi, j'op-
poserai à ceux qui en invoquent la lettre contre
nous, l'exception de bonne foi.

Rappelons les circonstances.

En 1860, le Pape, menacé par la révolution,
prend le dessein de former une armée. —Pour exé-
cuter ce projet, il ne croît pouvoir mieux faire que
de choisir un général français.—Fier du choix,
autant pour sa nation que pour lui, et prompt à
l'appel, La Moricière arrive. Aussitôt le gouvernement de l'Empereur lui donne l'autorisation, sans

même qu'il la demande. C'était encourager l'élan français. Politique évidemment bonne, car à tous les points de vue, il valait mieux nous voir à Rome, que d'y laisser prendre la tête aux Autrichiens ou aux Espagnols.

Le temps pressait, les événements semblaient imminents ; mais Pimodan fit aux Grottes un coup d'éclat contre les bandes. Le Piémont intimidé vit que déjà les chemises rouges ne suffisaient plus contre la poignée de soldats qu'avait dans sa main La Moricière. — M. de Cavour attendit, prépara dans l'ombre ses machinations, et tarda six mois pour effectuer l'invasion.

Qu'était-il arrivé cependant ? — Les Français se rallient au feu ; au premier coup de fusil, chacun avait couru. On avait embrassé sa mère, mais on n'avait averti personne. Le général en chef étant autorisé, et l'armée française se trouvant à Rome, quel doute pouvions-nous concevoir ? — Si l'intention de l'Empereur n'était pas d'encourager la défense du Pape, il faut avouer qu'on pouvait être abusé par les apparences.

Voilà pour expliquer la bonne foi des premiers qui sont partis. Ceux-ci étant rentrés sans trouble, ni difficulté, on pouvait croire à un système de tolérance gouvernementale ; les faits même la constataient : nos votes reçus partout sans réclamation, des élections aux conseils généraux, des pétitions discutées au Sénat, etc., etc. ; voilà pour justifier dans les derniers venus la conviction qu'il n'y avait pas lieu de demander l'autorisation.—L'exception serait suffisante, mais je discute le fond.

Cherchons l'esprit de la loi :

L'art. 17 du Code civil, prononce la déchéance contre le Français qui semble renoncer à son pays.

L'art. 18 soumet sa réintégration à la seule condition de rentrer en France, avec l'autorisation de l'Empereur.

Enfin le fameux art. 21 édicte des dispositions bien plus sévères contre ceux qui ont pris du service militaire, et les réduit à la condition de l'étranger, qui doit demander, recevoir et conserver l'autorisation de rester en France, faire un stage de dix ans, et, pour parfaire sa situation politique, obtenir le bénéfice d'une loi spéciale.

Pourquoi cette rigueur? M. Treilhard l'explique dans l'exposé des motifs de la loi. (*Séance du 14 ventôse an IX.*) « Le Français a dû prévoir qu'il « pouvait s'exposer, par son acceptation, à porter

« les armes contre sa patrie. » — Cas impossible
pour nous ; au pis aller, l'armée française s'abste-
nait, et ne pouvait jamais tourner ses armes contre
le Pape, qu'elle avait l'honneur de protéger. « En
« vain dirait-il, que dans le cas d'une rupture entre
« les deux nations, il n'aurait pas balancé à rom-
« pre ses engagements. Quel garant pourrait-il
« donner de son assertion ? » — Un garant positif :
notre patriotisme à tous. « La puissance qui l'a
« pris à sa solde a-t-elle entendu cette restric-
« tion ? » — Oui, c'est un fait constant ; les Franco-
Belges avaient demandé et obtenu cette réserve.
« L'aurait-elle laissé maître du choix ? » — Nous
l'étions tous, ou parce que nous n'avions aucun engagement de temps, ou parce que, ainsi que je l'ai
dit, la stipulation était expressément contraire.

J'espère avoir prouvé, par l'exposé des motifs,
que, selon l'esprit véritable de la loi, les causes d'ag-
gravation ne nous regardent pas, et que nous restons
pour le moins dans les conditions ordinaires des
Français ayant pris du service à l'étranger.

Or, à ceux-ci, que faut-il pour reconquérir leur
nationalité ? Simplement, dit l'art. 18, l'autorisation de rentrer en France. Cette autorisation, nous
l'avons eue très-expressément : après Castelfidardo,

le consul de Livourne donna les passe-ports ou le visa à tous ceux qui revenaient en France (c'était tout le reste de notre petite-bande). Ce n'est point sans ordre, sans doute, car il y a un télégraphe jusqu'à Paris. Et n'avons-nous pas eu l'autorisation tacite par tous les actes de la vie politique accomplis jusqu'ici sans trouble, il y a tantôt deux ans ?

Eussions-nous été véritablement déchus, ce que je nie, le vice est couvert, je l'affirme.

La jurisprudence est fixée.

« Il a été jugé, trouve-t-on dans M. Dalloz, que cette disposition n'est applicable qu'autant qu'il y a, de la part de celui qui prend du service à l'étranger, *abdication expresse de sa nationalité*, et qu'on ne saurait voir une abdication pareille dans le fait, de la part d'un mineur surtout, d'avoir pris du service dans l'armée belge en 1833, époque à laquelle le gouvernement français y envoyait des officiers ; et cela, encore bien que par suite de son engagement, le mineur aurait continué son service à l'étranger pendant un certain temps après sa majorité [1]. »

A Rome, en 1860, il n'y avait pas que des offi-

____

[1] *Répertoire de législation*, t. XVIII, art. Droit civil, § 577.

ciers français ; il y avait une armée française. Engagés avec elle dans une cause commune, peut-on prétendre que nous ayons servi une cause étrangère ? Nous sommes abrités par le drapeau qui flotte dans le Corso et sur la place Colonna.

Voilà l'esprit de la loi, il nous justifie ; voyons si la lettre doit nous tuer.

Rappelons que M. de Persigny a fait un étrange abus de pouvoir. Malgré ses immenses attributions, il n'a pas celle de nous juger, et il s'est permis de nous condamner. Bien plus, pour apprécier nos faits et gestes, il a donné l'institution aux maires de campagne, qui devront, selon lui, décider sur le bruit public. Le meunier de *Sans-Souci* ne s'est pas laissé chasser du moulin ; il y a des juges à Paris comme à Berlin. Nous irons dans les cours d'appel et dans les tribunaux civils. C'est devant ces hautes juridictions qu'il faudra nous traîner mille ou quinze cents que nous sommes. Là on ne nous jugera pas sans nous entendre. Notre bon droit est évident ; nous nous livrerons avec confiance à l'opinion publique et à l'appréciation des magistrats.

Il y a de célèbres précédents. Même question a été soulevée et jugée pour M. de Sieyès par la

Chambre de 1844; il avait servi en Sardaigne, mais comme nous, n'ayant jamais eu l'intention de renier sa patrie, il fut admis comme député.

Qu'ai-je besoin de m'arrêter aux simples particuliers? j'en appelle à l'Empereur; il a servi en Suisse. S'est-il jamais considéré comme dénationalisé, et quand il est rentré en France, a-t-il demandé, a-t-il fallu une loi spéciale pour le relever de déchéance? Je réclame le cas de l'Empereur; ou nous sommes tous Français, ou il l'est moins que moi. Car, parmi nous, il y avait nombre de vrais volontaires, sans engagement, sans solde; pour ceux-là, il n'y a pas même besoin d'interpréter la loi et de rechercher son esprit. La jurisprudence est claire : « On ne peut entendre les mots *service militaire à l'étranger*, que d'un service obligatoire chez l'étranger, de l'engagement dans un corps pour un temps déterminé [1]. »

Rome d'ailleurs, est-ce l'étranger? La question a été posée devant la Chambre républicaine de 1849.

« Qu'est-ce que l'État pontifical? dit M. de La Rosière? Est-ce un État, né comme les autres de

---

[1] Dalloz, t. XVIII, Droit civil, § 569. Voir Delaporte, *Pandectes françaises*, art. 21, n° 89. Coin-Delisle, art. 21, n° 2.

circonstances toutes politiques, formé, agrandi, défendu par l'effort persévérant d'un peuple ou d'une dynastie? Non, l'État pontifical est la création purement conventionnelle de l'Europe catholique, qui ne l'a destinée qu'à servir d'asile et comme d'enveloppe matérielle à l'autorité religieuse qui régit la chrétienté.

« Quoi d'étonnant dès lors que le monde catholique ait réclamé de tout temps le droit de le défendre? *Ne pourrait-on pas dire après tout que l'État pontifical est la propriété indivise des peuples qui l'ont fondé?* »

Ces belles et hautes considérations furent pesées, comprises et approuvées. L'Assemblée nationale les consacra solennellement par un vote favorable.

Le souverain actuel se proclame le *dévot fils* du pape. Une puissance paternelle si expressément reconnue, peut-elle être, je le demande, appelée une puissance étrangère?

Nous ne voulons pas croire encore que M. de Persigny ait été le fidèle interprète des volontés de l'Empereur, puisque sa circulaire n'a pas eu les honneurs du *Moniteur*.

Quoi qu'il en soit cependant du caractère plus ou

moins officiel de la lettre aux préfets, nous sommes atteints, dénoncés publiquement ; les garibaldiens aussi. — Les volontaires de Garibaldi donnent leurs raisons comme nous donnons les nôtres. Ils servaient, disent-ils, un simple chef de partisans.

Pourquoi le *Siècle* trouve-t-il bon ce qui nous arrive, et prend-il occasion pour nous calomnier [1] ? Dieu me garde, pour mon compte, d'avoir *horreur de toutes les institutions nouvelles.* — *L'Europe absolutiste ;* mais ce n'est pas nous, vous vous méprenez. — *Ameuter contre la France de* 89 ! mais c'est tout ce que nous désirons au monde que la France de 89, messieurs du *Siècle* !

Le *Siècle,* passe encore, nous sommes habitués à ses attaques ; mais le *Temps* nous accoutumait à plus d'impartialité. Son programme, qui est de prêcher loyalement la vraie liberté, la liberté pour tous, aurait dû l'engager à nous soutenir dans cette question pour les bonnes raisons qu'il doit comprendre.

Les volontaires des deux camps sont attaqués par le ministre. La première lettre est pour nous, pontificaux ; la seconde pour vous, messieurs les garibaldiens : probablement l'on considère votre chef comme agent du Piémont : il a été avoué. Les termes vous

[1] Le *Siècle,* numéro du 22 mai.

atteignent formellement, car vous étiez à coup sûr « enrégimentés » sous des « drapeaux étrangers [1]. »

Nous alléguons chacun des défenses différentes, réclamons chacun de notre côté. Pas de récriminations entre nous ; à quoi bon nous nuire réciproquement ? Nous sommes deux partis attaqués, mais sur ce terrain pourquoi serions-nous en bataille les uns contre les autres ? Un vaisseau qui naufrage hisse le pavillon de détresse et appelle l'ennemi même au secours. La lutte n'est pas entre nous : aujourd'hui le danger est commun. Plus tard, il sera toujours temps de se revoir en face.

I I

LA POLITIQUE

Un écrivain fort autorisé dans les sphères officielles, et qui a écrit des biographies frappantes, a dit de M. de Persigny « qu'il avait en même temps beaucoup d'audace, et un bon sens de gendarme [2] »

---

[1] Voir dans *Napoléon III*, par Hippolyte Castille, p. 21.

[2] Seconde lettre de M. de Persigny, *Constitutionnel* du 24 mai.

Je ne refuse à M. le ministre de l'intérieur aucune de ces deux qualités ; mais je m'étonne que le sens de la politique n'ait pas mieux dirigé ses actes vis-à-vis de nous.

Si l'on demandait à M. de Persigny pourquoi il jette au feu nos droits politiques, peut-être répondrait-il comme l'enfant surpris par Napoléon 1er, faisant grand feu un jour d'été dans les cheminées des Tuileries : « *Monsieur, je fais des cendres pour mon père, dont c'est le profit* [1]. » Non, ce n'est pas le profit de la France de jeter nos forces vivantes dans le feu. *Consommation inutile* [2], dilapidation de ressources vraiment nationales. — Mille gens de cœur sont bons partout ; et si l'Empereur s'identifie à la patrie, ce n'est point son profit de faire des cendres de nos droits politiques.

Je me mets à la place « d'un des hommes les plus honnêtes et les plus convaincus du parti bonapartiste [3] ; » qu'aurais-je pensé ? Ne me serais-je pas dit : L'Empereur, mon maître, tient ses troupes à Rome et protége le Saint-Siége. Se montrer jaloux des petits secours qui arrivent au Pape, tracasser

---

[1] *Vieille histoire toujours nouvelle. Œuvres de Napoléon III*, t. II, p. 35.

[2] *Id.*, p. 36.

[3] Voir dans *Napoléon III*, par Hyppolyte Castille, p. 21.

ceux qui l'ont servi ou qui le servent, c'est faire croire qu'on ne l'aime pas pour lui et pour sa cause légitime, mais qu'on le protége à contre-cœur, sous la pression de l'opinion catholique.

Au surplus, me serais-je dit en toute philosophie, souffrons ce que nous ne pouvons empêcher. L'élan catholique ne peut se comprimer, laissons échapper ces forces actives.

Pourquoi le bruit, pourquoi l'éclat? C'est une maladresse, une faute politique.

Nous n'étions que trois cents au combat de Castel-fidardo; il y en a bien mille à quinze cents, ayant servi à diverses époques, qui se trouvent intéressés dans l'affaire, c'est peu encore; mais ces mille Français appartiennent aux familles les plus honorables et les plus influentes. L'opinion publique ne se traîne point à la remorque des circulaires ministérielles; et quoi qu'on fasse contre nous, la France ne nous reniera point. « La générosité de la nation française est un immense bouclier qui protége ceux qui souffrent, et les coups dirigés contre eux retombent sur l'agresseur [1]. »

Nous avons honoré nos convictions, nous ne se-

---

[1] Lettre du général Lamarque au comte de Survilliers, citée dans les *Œuvres de Napoléon III*, t. II, p. 435.

rons pas abandonnés de ceux qui les partagent ; et nous dirons au peuple, comme Cicéron : « Si jamais vous avez pris en main la cause de ceux qui se sont montrés fidèles à la religion, vous devez aussi nous défendre....[1] »

Affaire d'honneur pour tous les évêques, pour tous les catholiques de soutenir notre retour comme on a applaudi à notre départ.

Et nous serons soutenus non-seulement par nos parents, par nos amis, par tous les catholiques, mais même par tous les Français de cœur, à quelque parti qu'ils appartiennent. On sympathisera avec nous. Si nous sommes mécontents (il y a de quoi, grand Dieu !), on le sera avec nous.

Louis-Napoléon a dit dans un manifeste : « Pour me rappeler de l'exil, vous m'avez nommé représentant du peuple. » —Voilà un précédent qui donne droit.—Espérons voir chose pareille, et quelque victime portée sur le pavois pour relever la cause entière.

Électeurs, éligibles, élus, nous aurions peut-être fermé les yeux et dormi pour la plupart.

[1] Cicéron, discours au peuple.

Qu'est-ce d'ailleurs que mille boules dans l'urne ? Comptez : dix millions d'électeurs : c'est juste un dix-millième politique.

Mais mille individus blessés dans leur honneur, inquiets pour leur sécurité de chaque jour, quelques-uns peut-être qui avaient rêvé la gloire de servir leur patrie et qui en voient briser l'espérance. Qu'avez-vous fait, monsieur le ministre, qu'avez-vous fait ? A Dieu ne plaise que je menace ; mais, à votre place, je n'aurais pas osé. Il est dangereux de susciter des ennemis irréconciliables, d'exciter les haines individuelles. Elles sont parfois puissantes : Pozzo di Borgo, banni de Corse, l'a prouvé. — Vous aimez l'Angleterre, monsieur le ministre ; lisez-vous Byron ? Il y a quelques vers qui m'ont souvent frappé ; je vais vous les redire.

C'est Mazeppa qui raconte au roi Charles XII les premiers malheurs de son adolescence :

« Ils me jouèrent un vilain tour... : je leur en ai joué un qui valait le leur, car le temps finit par mettre toutes choses de niveau, et pourvu que nous sachions attendre le moment propice, il n'y a point de puissance humaine, si elle n'a pas été pardonnée, qui puisse échapper aux recherches patientes, aux longues veilles de celui qui couve comme un trésor le souvenir d'un outrage [1]. »

Mazeppa était un simple page, et son seigneur était puissant.

Eh bien ! à votre place, j'aurais eu peur de désespérer de braves gens.

Nous voilà sans feu ni lieu politique, sans patrie ; vous secouez notre mollesse, M. de Persigny. Vous savez pourtant les emportements ou entraînent l'exil !

Dormez tranquille, dira-t-on, on ne vous conteste pas vos droits civils.—C'est bien peu de chose, n'est-ce pas, que les droits politiques dont on jouit aujourd'hui ? Eh bien ! « guenille, si l'on veut, ma guenille m'est chère. » Il me plaît, à moi, de me draper dans ma dignité d'électeur, et d'éligible.

Dormir tranquille ; — non, M. le ministre, je ne dormirai pas tranquille, parce que « la dignité des « hommes est relevée, comme leur liberté garantie, « par la jouissance effective d'une portion du pou- « voir politique [2]. »

---

[1] Byron, *Mazeppa*, X.
[2] Dalloz, t. XIX, *Droit politique*, § 34.

Après avoir parlé d'îlotisme politique, je puis parler d'exil. Quelle sécurité nous reste-t-il? J'ai fait mon droit, je connais l'art. 3 de la loi des 3-11 décembre 1849. « Tant que la naturalisation « n'aura pas été prononcée, l'autorisation accordée « à l'étranger d'établir son domicile en France « pourra toujours être révoquée ou modifiée. »

M. de Persigny ne dédaigne pas d'appliquer cette loi, nous l'avons vu récemment.

Quand on a le pouvoir, on est tenté d'en user : M. de Persigny a témoigné de gracieuses intentions pour la presse; il s'est cru cependant forcé d'avertir, et, de fait, il avertit souvent. Il nous promettra tranquillité aujourd'hui; demain il se croira forcé d'expulser; et, de fait, il pourra expulser souvent.

Il est donc dit, qu'étrangers sur le sol, nous resterions à la merci du premier venu qui sera ministre de l'intérieur. Qui pourrait empêcher M. de Persigny, armé de cet article, de faire contre nous tous une révocation d'édit de Nantes au petit pied, avec ou sans la justification des conspirations ou des rébellions à l'intérieur qui inspirèrent la cruelle mesure de Louis XIV ?

Mais, direz-vous, qui pense à vous inquiéter ?

Gare seulement, si vous bougez !—C'est cela ; on nous laissera, je pense bien, boire, manger, dormir tranquilles ; mais faire de l'opposition, de l'opposition légale, j'entends, et consciencieuse ? Je ne sais, mais je croirais au danger.

Il y a du caprice dans les choses humaines : nous l'avons remarqué chez le même ministre. M. de Persigny, ne voyant pas clair comme M. Forcade, a donné un avertissement à la *Revue des Deux Mondes*. Quinze jours plus tard, il fut prouvé par le rapport de M. Fould, que l'infaillibilité n'était pas du côté du portefeuille de l'intérieur.

Ainsi, je ne volerai pas, je ne conspirerai pas, et cependant je ne serai pas sûr de coucher le soir dans mon lit. M. de Persigny peut se figurer quoi que ce soit, et, sans plus d'explication, me faire empoigner par ses agents, messieurs les gendarmes, au jour, je serai jeté à la frontière. Ce sera brutal, mais sans réplique.

Dans l'antiquité, il y avait dans la loi quelque chose qui ressemblait de loin au pouvoir que voudrait prendre sur nous M. le ministre de l'intérieur : l'ostracisme. — Le citoyen jugé dangereux était éloigné de l'État. Mais qui prononçait l'ostracisme

chez ces nations dont la sagesse est reconnue?
Tout le peuple assemblé. — Je voudrais qu'il y eût
appel à la nation; je m'y soumettrais de bon cœur.

Me voilà en exil; je puis bien m'y supposer : j'y
suis exposé physiquement, et moralement ne nous
prétendez-vous pas expulsés de la scène politique,
patrie des âmes généreuses qui servent leur pays
pour lui être utile?

« Vrai paria des sociétés modernes [1], » que tu
écrives, que tu parles, pauvre revenant de Castel-
fidardo, contre le gré de tes ennemis politiques,
ne viendront-ils pas « te demander de quel droit,
« toi... tu oses venir exprimer une opinion sur les
« affaires de ton pays, de quel droit tu oses pleurer
« ou te réjouir avec tes concitoyens ? [2] »

Malheureux qui n'est plus Français! « Prends
« garde à chaque pas que tu fais, à chaque mot que
« tu prononces, à chaque soupir qui s'échappe de
« ta poitrine, car il y a des gens payés pour déna-
« turer tes actions, pour défigurer tes paroles, pour
« donner un sens à tes soupirs [3]. »

---

[1] *Œuvres de Napoléon III*, t. Ier, p. 402.
[2] *Œuvres de Napoléon III*, t. Ier, p. 402.
[3] *Id.*, t. Ier, p. 403.

La puissance n'éblouit que les petites âmes.—
Celui qui a senti dans l'exil ces tristesses désespé-
rantes peut-il nous réserver des mêmes peines ?

CONCLUSION

Que faire ?

La circulaire existe.—Personne, il y a un mois,
ne se serait avisé de prétendre que nous n'étions pas
Français. Moi, si l'on avait osé me le dire, j'aurais
relevé la parole comme une injure.—Aujourd'hui
le ministre nous a jeté la première pierre, il a parlé :
Αὐτὸς ἔφη, disaient les Grecs, invoquant Aristote
ou Platon. Αὐτὸς ἔφη,—après lui le premier venu
pourra m'insulter sans crainte, et à propos de
listes électorales, du moindre procès civil, venir
devant les tribunaux me disputer mon nom, mon
nom de Français, qui, pour moi, suffit seul à enno-
blir, et qui est la première noblesse, même pour les
plus illustres.

Non, nous ne courberons pas la tête.—Voici
bientôt venir les élections. Qu'aurons-nous à faire?
Il nous faudra rechercher les gens capables, qui

veuillent aller, au nom de la nation, réclamer notre place au soleil. —Nous animerons les scrutins.

Partout la lutte, partout ; nous lutterons à toutes les juridictions, nous épuiserons toutes les défenses. Nous avons appris à Castelfidardo que toutes les défaites ne sont pas sans gloire.

Ici, nous ne sommes plus trois cents seulement ; nous serons de mille à quinze cents frères, tous jusqu'au dernier nous nous entr'aiderons dans la lutte. —Nous nous briserons peut-être contre vos rigueurs et votre puissance. —Qu'arrivera-t-il après? Nous souffrirez-vous par pitié au milieu de vous, vivant au jour le jour, vivant de grâce et non de droit ; non plutôt, importunés de nos cris, vous nous chasserez. —Nous irons alors dans l'exil gémir et espérer ; confiant en notre étoile, laissant faire Dieu et la Providence, songeant par l'exemple aux révolutions extraordinaires des choses humaines, nous rêverons au retour, comme il y a quinze ans faisait sur la terre étrangère l'Empereur aujourd'hui régnant.

Mais je m'emporte : le gouvernement ne suivra pas cette voie.

Il n'y a pas plus intérêt que justice à nous désespérer, j'espère l'avoir prouvé dans ces quelques pages. Et quand on nous tuerait avec la lettre de la loi, interprétée selon **M.** le ministre de l'intérieur, quelle satisfaction que tant de victimes politiques ! quel holocauste au Piémont et à l'esprit révolutionnaire !

Du ministre, j'en appelle à l'Empereur ; l'Empereur doit dédaigner les tracasseries vulgaires. De l'Empereur, j'en appellerai à tous les tribunaux de mon pays, de toutes les justices humaines à la justice de Dieu que nous avons servi.

Paris, ce 28 *juin* 1862.

PIÈCES JUSTIFICATIVES

LETTRES DE M. LE COMTE DE PERSIGNY

Voici les deux lettres de **M.** le ministre de l'intérieur :

« Monsieur le préfet, j'ai été consulté sur la question de savoir si des individus qui, ayant pris du service dans l'armée pontificale sans l'autorisation du gouvernement de l'empereur, sont restés en France sans obstacle, doivent être inscrits sur la liste électorale de la commune où ils résidaient antérieurement et où ils résident encore depuis leur retour. »

« L'article 12 du décret du 21 février 1852 déclarant électeurs, sans condition de cens, tous les Français âgés de vingt et un ans accomplis, il suis de là que l'individu qui a cessé d'être Français ne peut être électeur. Or, aux termes de l'art. 21 du Code Napoléon, « le Français qui, sans autorisation de l'empereur, prendrait du service à l'étranger ou s'affilierait à une corporation militaire étrangère, perdra sa qualité de Français. » En présence de textes aussi formels, tout ambiguïté doit cesser, et dès l'instant où le fait d'avoir pris du service dans l'armée pontificale est constant, il est hors de doute que la qualité de Français, et, par suite, les droits d'électeur, sont perdus. »

« Les enrôlements dans l'armée pontificale ont eu une notoriété assez grande pour qu'ils puissent être difficilement mis en doute dans la localité où ils se sont produits. Si donc le maire les tient pour certains, il ne devra pas hésiter à retrancher de la liste électorale, ou à ne pas y inscrire, les personnes de cette catégorie, sauf à celles-ci à se pourvoir par les voies légales pour obtenir leur inscription. »

« Il ne vous échappera pas toutefois, monsieur le préfet, et vous voudrez bien appeler l'attention de MM. les maires sur ce point, que la perte comme l'acquisition de la qualité de Français ne pouvant résulter que du fait d'une personne capable de tous les actes de la vie civile, l'art. 21 du Code Napoléon n'est pas applicable aux mineurs qui, sans autorisation du gouvernement, ont pris du service militaire à l'étranger, à la condition toutefois qu'ils aient cessé ce service à l'époque de leur majorité, et qu'ils aient satisfait en France, à la loi du recrutement. Dans ce cas, la qualité de Français n'ayant point été perdue, il y aurait lieu d'inscrire sur la liste les individus qui réclameraient l'exercice de leur droit électoral. »

« Monsieur le préfet,

« Quelques-uns de vos collègues m'ont demandé si
« ma réponse du 1er mai aux questions spéciales con-
« cernant les Français ayant servi sans autorisation
« de l'empereur dans l'armée pontificale, était appli-
« cable à ceux qui, également sans autorisation,
« s'étaient enrégimentés sous d'autres drapeaux étran-
« gers.
« Je m'étonne de cette question, car les termes de
« l'art. 21 du Code Napoléon sont formels et ne com-
« portent aucune distinction ni exception. »

(Tirées du journal *le Constitutionnel*, 24 mai 1862.)

PARIS.—IMPRIMÉ CHEZ BONAVENTURE ET DUCESSOIS
55, QUAI DES AUGUSTINS.